帰三宝偈 勧衆偈の味わい

藤枝宏壽著

永田文昌堂

はしがき

真宗系統の各派で、葬儀・出棺勤行に『帰三宝偈』（勧衆偈・十四行偈）を用いるのが通例となっているが、元は蓮如上人が定められたご自身の葬儀式差定によるものと思われる。この偈は善導大師が古今楷定《ここんかいじょう》（従来の諸師の謬説《びゅうせつ》を改める）を目指して撰述された『観経疏《かんぎょうしょ》』四巻の第一「玄義分《げんぎぶん》」冒頭に掲げられている偈であるだけに、その意義は重い。

しかし、僧俗ともに読み慣れ、聞き慣れていて、その意味を味わうことが少ないのが現状ではなかろうか。筆者もその一人であったが、先般、ある仏法研修会から『帰三宝偈』の話をして欲しいとの要請を受け、かねがね自身の願いでもあったので、その偈を心していただいてみることにした。浅学菲才の身でおこがましい限りではあるが、藤澤量正著『帰三宝偈のこころ』や蓬茨祖運著『勧衆偈講話』、また仲尾俊博著『観経玄義分講義讃』や廣瀬杲著『観経四帖疏講義 玄義分』などを参照しながら、講話の資料を作成し、小冊子とした。

手軽に、しかも偈の要点にはふれたつもりである。真宗の僧侶・門信徒の方々、ご一読の上、勤行に聞法にご活用下さることを念じている。

目次

一 善導大師『観経疏』玄義分
帰三宝偈《きさんぼうげ》・勧衆偈《かんしゅうげ》・十四行偈《じゅうしこうげ》

先勧大衆発願帰三宝

道俗時衆等《どうぞくじしゅとう》　各発無上心《かくほつむじょうしん》
生死甚難厭《しょうじじんなんねん》　仏法復難欣《ぶっぽうぶなんごん》
共発金剛志《ぐほつこんごうし》　横超断四流《おうちょうだんしる》
願入弥陀界《がんにゅうみだかい》　帰依合掌礼《きえがっしょうらい》
世尊我一心《せそんがいっしん》　帰命尽十方《きみょうじんじっぽう》
法性真如海《ほっしょうしんにょかい》　報化等諸仏《ほうけとうしょぶつ》

先づ大衆を勧む。願を発《おこ》して三宝に帰し

【1】道俗時衆等《どうぞくじしゅとう》、おのおの無上《むじょう》の心《しん》を発《おこ》せども
生死《しょうじ》はなはだ厭《いと》ひがたく、仏法《ぶっぽう》また欣《ねが》ひがたし。
ともに金剛《こんごう》の志《こころざし》を発《おこ》して横《よこさま》に四流《しる》を超断《ちょうだん》し、
弥陀《みだ》の界《かい》に願入《がんにゅう》して、帰依《きえ》し合掌《がっしょう》して礼《らい》したてまつれ。

【2】世尊《せそん》、われ心《しん》を一《いっ》にして、尽十方《じんじっぽう》
法性真如海《ほっしょうしんにょかい》、報化等《ほうけとう》の諸仏《しょぶつ》と、

一一菩薩身《いっいちぼさつしん》　眷属等無量《けんぞくとうむりょう》
荘厳及変化《しょうごんぎゅうへんげ》　十地三賢海《じゅうぢさんげんかい》
時劫満未満《じこうまんみまん》　智行円未円《ちぎょうえんみえん》
正使尽未尽《しょうじじんみじん》　習気亡未亡《じゅっけもうみもう》
功用無功用《くゆうむくゆう》　証智未証智《しょうちみしょうち》
妙覚及等覚《みょうがくぎゅうとうがく》　正受金剛心《しょうじゅこんごうしん》
相応一念後《そうおういちねんご》　果徳涅槃者《かとくねはんしゃ》
我等咸帰命《がとうげんきみょう》　三仏菩提尊《さんぶつぼだいそん》
無碍神通力《むげじんづうりき》　冥加願摂受《みょうがんしょうじゅ》

一々《いっいち》の菩薩身《ぼさつしん》、眷属等《けんぞくとう》の無量《むりょう》なると、
荘厳《しょうごん》および変化《へんげ》と、十地《じゅうぢ》・三賢海《さんげんかい》の
時劫《じこう》の満《まん》と未満《みまん》と、智行《ちぎょう》の円《えん》と未円《みえん》と、
正使《しょうじ》の尽《じん》と未尽《みじん》と、習気《じふけ》の亡《もう》と未亡《みもう》と、
功用《くゆう》と無功用《むくゆう》と、証智《しょうち》と未証智《みしょうち》と、
妙覚《みょうがく》とおよび等覚《とうがく》と、まさしく金剛心《こんごうしん》を受《う》け
相応一念《そうおういちねん》の後《のち》の果徳涅槃者《かとくねはんしゃ》に帰命《きみょう》したてまつる。

【3】我らことごとく三仏菩提尊《さんぶつぼだいそん》に帰命したてまつる。
無碍《むげ》の神通力《じんづうりき》をもって冥《みょう》に加《か》して願《ねが》はくは摂受《しょうじゅ》したまへ。

我等咸帰命《がとうげんきみょう》　三乗等賢聖《さんじょうとうげんじょう》
学仏大悲心《がくぶつだいひしん》　長時無退者《ぢょうじむたいしゃ》
請願遙加備《しょうがんようかび》　念念見諸仏《ねんねんけんしょぶつ》
我等愚痴身《がとうぐちしん》　曠劫来流転《こうごうらいるてん》
今逢釈迦仏《こんぶしゃかぶつ》　末法之遺跡《まっぽうしゆいしゃく》
弥陀本誓願《みだほんぜいがん》　極楽之要門《ごくらくしようもん》
定散等回向《じょうさんとうえこう》　速証無生身《そくしょうむしょうしん》
我依菩薩蔵《がえぼさつぞう》　頓教一乗海《とんぎょういちじょうかい》
説偈帰三宝《せつげきさんぼう》　与仏心相応《よぶつしんそうおう》

【4】われらことごとく三乗等《さんじょうとう》の賢聖《げんじょう》、仏《ぶつ》の大悲心《だいひしん》を学《がく》して長時《ぢょうじ》に退《たい》することなきものに帰命《きみょう》したてまつる。請《こ》ひ願《ねが》はくは遙《はる》かに加備《かび》して、念々《ねんねん》に諸仏《しょぶつ》を見《み》せしめたまへ。

【5】われら愚痴《ぐち》の身《しん》、曠劫《こうごう》よりこのかた流転《るてん》して、いま釈迦仏《しゃかぶつ》の末法《まっぽう》の遺跡《ゆいせき》弥陀《みだ》の本誓願《ほんぜいがん》、極楽《ごくらく》の要門《ようもん》に逢《あ》へり。定散等《じょうさんひと》しく回向《えこう》して、すみやかに無生身《むしょうしん》を証《しょう》せむ。

【6】われ菩薩蔵《ぼさつぞう》の頓教一乗海《とんぎょういちじょうかい》によりて、偈《げ》を説《と》きて三宝《さんぼう》に帰《き》す。仏心《ぶっしん》と相応《そうおう》せり。

十方恒沙仏《じっぽうごうじゃぶつ》　六通照知我《ろくつうしょうちが》
今乗二尊教《こんじょうにそんぎょう》　広開浄土門《こうかいじょうどもん》
願以此功徳《がんにしくどく》　平等施一切《びょうどうせいっさい》
同発菩提心《どうほつぼだいしん》　往生安楽国《おうじょうあんらっこく》

十方恒沙《じっぽうごうじゃ》の仏《ぶつ》、六通《ろくつう》をもつてわれを照知《しょうち》したまへ。

いま二尊《にそん》の教《きょう》に乗《じょう》じて、広《ひろ》く浄土《じょうど》の門《もん》を開《ひら》く。

【7】願《ねが》はくはこの功徳《くどく》をもつて平等《びょうどう》に一切《いっさい》に施《せ》せむ。同《おな》じく菩提心《ぼだいしん》を発《おこ》して、安楽国《あんらくこく》に往生《おうじょう》せむ。


《以上四句一行で十四行　↓　『十四行偈』》　（※訓読は親鸞聖人の加点本に依る）

善導大師御絵像

二《帰三宝偈　試訳》

先勧大衆発願帰三宝

まず大衆に勧めたい。願をおこして仏・法・僧の三宝に帰依せよ。

「勧衆偈」　「帰三宝偈」

【1】道俗時衆等《どうぞくじしゅとう》　各発無上心《かくほつむじょうしん》

仏道を修行している僧や、在家生活をしている俗人、今の時代を共に生きている人々よ、一人ひとりがこの上ない仏のさとりを得たいという尊い心を発《おこ》すべきだ（と言って励んでおられますが）、

（これは親鸞聖人の書き込み分）

生死甚難厭《しょうじじんなんねん》　仏法復難欣《ぶっぽうぶなんごん》

（しかし実は）この生死の迷いの境涯に執着していて、娑婆を厭《いと》う心が容易に湧いて来ず、その迷いをさとりに導いてくださる仏法を聞き、欣《よろこ》ぶことも復《また》でき難《がた》いのであります。《二〇頁の「五趣八難」を参照》

共発金剛志《ぐほつこんごうし》　横超断四流《おうちょうだんしる》　願入弥陀界《がんにゅうみだかい》　帰依合掌礼《きえがっしょうらい》

だから、皆共に、如来から賜る金剛のように尊く堅固な信心をいただきましょう。如来の願力によってこそ、我欲・我見という無明煩悩の濁流に押し流され、生・老・病・死の事実に目覚めないでいる迷いの境界をのり超えさせていただき、阿弥陀仏の本願の世界に入らしめていただけるよう、如来に帰依し、合掌し、礼拝いたしましょう。

四流＝四暴流《しぼる》　煩悩の異名。煩悩は一切の善を押し流すので暴流という。
①　欲暴流《よくぼる》。欲界五欲の境に執着して起こる煩悩。
②　有暴流《うぼる》。色界・無色界における見惑（思想の迷い）と思惑（情意の迷い）。
③　見暴流《けんぼる》。三界（欲界・色界・無色界）にわたる見惑（誤った見解・思想）。
④　無明暴流《むみょうぼる》。四諦などに対する無智。
☆「四流とはすなはち四暴流なり。また生老病死なり。」（信巻）

【2】

世尊我一心《せそんがいっしん》　帰命尽十方《きみょうじんじっぽう》　法性真如海《ほっしょうしんにょかい》　報化等諸仏《ほうけとうしょぶつ》
一一菩薩身《いついちぼさつしん》　眷属等無量《けんぞくとうむりょう》　荘厳及変化《しょうごんぎゅうへんげ》　十地三賢海《じゅうぢさんげんかい》
時劫満未満《じこうまんみまん》　智行円未円《ちぎょうえんみえん》　正使尽未尽《しょうじじんみじん》　習気亡未亡《じゅっけもうみもう》
功用無功用《くゆうむくゆう》　証智未証智《しょうちみしょうち》

世尊よ。私、善導は、〈観経疏《かんぎょうしょ》を撰述するにあたって〉一心に十方の世界に満ちみちたまえる海のごとく広くて深い真如法性のおさとりに帰命いたします。そのおさとりから現れて衆生救済の願を建て、厳しい修行に報われて救い主となられた阿弥陀仏と、衆生に応じてこの世に出られた応化《おうげ》の釈迦牟尼仏など多くの仏さまに帰命いたします。またそういう仏さま方のもとで修行されている一人一人の菩薩さまや眷属《けんぞく》、そして、それぞれのお徳のままの荘厳のお姿と、時と処により変化《へんげ》して現れられる無量の化仏《けぶつ》・化菩薩《けぼさつ》さま等、すべての尊いお方に帰命いたします。

菩薩最高の階梯である十地《じゅうじ》に達せられた方、その手前の十回向《えこう》・十行《ぎょう》・十住《じゅう》（三賢《さんげん》）の位でご修行の、海のように多くの菩薩方《がた》に帰命いたします。

修道に要する三大阿僧祇百大劫《さんだいあそうぎひゃくだいこう》という長大な時間（時劫《じこう》）を満たされた仏にも未満の菩薩にも、また智慧波羅蜜《ちえはらみつ》を頂点とする六波羅蜜（六度《ろくど》ともいう）の修行を円満された菩薩にも未だ円満されていない菩薩にも帰命いたします。

煩悩の主体（正使《しょうじ》）を断じ尽くした聖者にも、未《ま》だ尽くし得ない修行者にも、また煩悩の余薫《よくん》（習慣的気配・習気《じゅっけ》）すら亡《な》くなった聖者にも、未だ亡くし得ない修行者にも帰命いたします。

修行に努力（功用《くゆう》）を要する初地《しょじ》から七地の菩薩にも、もう努力しなくても自然に修行の進む（無功用《むくゆう》）八地以上の菩薩にも、また本当にさとりの智慧が開けた仏（証智《しょうち》）にも、未だ開けない修行者（未証智《みしょうち》）にも帰命いたします。

妙覚及等覚《みょうがくぎゅうとうがく》　正受金剛心《しょうじゅこんごうしん》　相応一念後《そうおういちねんご》　果徳涅槃者《かとくねはんしゃ》

この上ないおさとり（妙覚《みょうがく》・正覚《しょうがく》・無上覚《むじょうかく》）を得られた覚者《かくしゃ》、及び、その一段手前の等覚《とうがく》（等正覚《とうしょうがく》）に達して、金剛にも喩《たと》えられる堅固な精神統一である正受《しょうじゅ》を得、智慧と相応《そうおう》して涅槃《ねはん》の果徳《かとく》を得られる者《ひと》（等覚の菩薩）《凡夫でいうなら、「正《まさ》しく金剛の信心を受け」（まことの信心を得て）如来の御心《みこころ》にぴたりと相応《そうおう》し、慶喜一念《きょうきいちねん》のまま等正覚《とうしょうがく》に至り、果《つい》には涅槃を得る者《ひと》・真の仏弟子》に帰命いたします。

菩薩　ボーディ・サットヴァ（覚有情《かくうじょう》と訳す）「菩提薩埵《ぼだいさった》」の略。
自ら菩提を求め（上求菩提《じょうぐぼだい》）、一切衆生を教化《きょうけ》（下化衆生《げけしゅじょう》）しようとする者。
仏のさとり（仏果）に至るまでに五十二の階梯《かいてい》がある。

1-10	11-20	21-30	31-40	41-50	51	52
十信・	十住・	十行・	十回向・	十地・	等覚・	妙覚
	内凡、三賢			十聖	等正覚	正覚
				初地＝不退転地	正定聚	

【3】我等咸帰命《がとうげんきみょう》　三仏菩提尊《さんぶつぼだいそん》　無碍神通力《むげじんづうりき》　冥加願摂受《みょうががんしょうじゅ》

私たちはみな、法身仏《ほっしんぶつ》・報身仏《ほうじんぶつ》・応身仏《おうじんぶつ》（三仏）としてさとり（菩提）にお導きくださるほとけさまに帰命いたします。何ものにも碍《さまた》げられない神通の力をもって、冥《ひそ》かに加護をたれたまい、願わくは、（この観経疏を）攝《おさ》め入れてください。

仏の三身
法身《ほっしん》　絶対の真理である真如そのもの。色も形もない真実そのものである仏身。
報身《ほうじん》　修行の善根功徳の報いとして出現した仏の身。（例　阿弥陀仏）
応身《おうじん》　衆生に応じてこの世に出現した仏の現身。（例　釈迦牟尼仏）
《仏の三身をそれぞれ自性身《じしょうしん》、受用身《じゅゆうしん》、変化身《へんげしん》ということもある》

【4】我等咸帰命《がとうげんきみょう》　三乗等賢聖《さんじょうとうげんじょう》　学仏大悲心《がくぶつだいひしん》　長時無退者《ぢょうじむたいしゃ》
請願遙加備《しょうがんようかび》　念念見諸仏《ねんねんけんしょぶつ》

私たちはみな、声聞・縁覚・菩薩などの賢者・聖人方であって仏の大悲心を学びつくし、もはや迷いの世界に退くことのない位に入っておられる方々に、帰命いたします。
請い願わくは、遙かに私たちを威神力で護り包みたまい、刻々念仏するごとに諸仏に見《まみ》えさせてください。

三乗《さんじょう》
声聞乗《しょうもんじょう》　仏陀の教えを聞いて修行する聖者。四聖諦《ししょうたい》を観じて阿羅漢《あらかん》の証果を得る。
縁覚乗《えんがくじょう》　師なくして独自に十二因縁の法を観じ、あるいは他の縁によって真理を悟った人。独覚《どっかく》。辟支仏《びゃくしぶつ》。
菩薩乗《ぼさつじょう》　上に向かっては仏のさとりを求め、下に向かっては衆生を教化する願をもって修行する在家・出家の人。

【5】**我等愚痴身《がとうぐちしん》　曠劫来流転《こうごうらいるてん》**

私たちは愚かで真理に暗く迷いの身であり、それも果てしない過去の時から流転し続けて来ていて、この苦界から出る縁のなかった身でありますのに、

今逢釈迦仏《こんぶしゃかぶつ》　末法之遺跡《まっぽうしゆいしゃく》　弥陀本誓願《みだほんぜいがん》　極楽之要門《ごくらくしようもん》

尊くも今、釈迦仏が末法五濁の世のためにお遺《のこ》しくださったみ教え、阿弥陀仏のご誓願とその極楽浄土への要門《ようもん》、観無量寿経に逢わせていただきました。

定散等回向《じょうさんとうえこう》　速証無生身《そくしょうむしょうしん》

雑念を払って静かに心を統一しようとする行（定善《じょうぜん》）も、心の散り乱れたままで善を行おうとする行（散善《さんぜん》）も等しく「汝好《なんじょ》くこの語

（無量寿仏の名《みな》）を持《たも》て」という観経の結論（弘願門《ぐがんもん》）に向かわせるご方便であります。この他力念仏に回入《えにゅう》してこそ速《すみ》やかに浄土で、生滅を超えた永遠の生を証《さと》らせていただけるのです。

浄土真宗の三門と三経

要門《ようもん》　観無量寿経
定善《じょうぜん》（精神集中の修行でさとりを得る）… 十三の観法
散善《さんぜん》（散り乱れた心のままで善根を積む）… 三つの観法

真門《しんもん》　阿弥陀経（一心不乱の自力称名で往生を願う）

弘願門《ぐがんもん》　無量寿経（弥陀の本誓願に乗託し他力念仏で報土に往生）

【6】我依菩薩蔵《がえぼさつぞう》　頓教一乗海《とんぎょういちじょうかい》　説偈帰三宝《せつげきさんぼう》　与仏心相応《よぶつしんそうおう》

私は今、菩薩を相手に説かれた大乗教（菩薩蔵《ぼさつぞう》）、すみやかにさとりに到達する教（頓教《とんぎょう》）すなわち一切衆生をことごとく成仏させる海のような深広の教え（一乗海《いちじょうかい》）に依りこの帰三宝偈頌《げじゅ》を説きました。皆が、仏の御心《みこころ》と相応・合致するためです。

十方恒沙仏《じっぽうごうじゃぶつ》　六通照知我《ろくつうしょうちが》　今乗二尊教《こんじょうにそんぎょう》　広開浄土門《こうかいじょうどもん》

十方の数え切れない仏さま方《がた》よ、六つの神通力をもって私（の観経疏制作）をお照らしくださり、仏の真意を知らしめてください。私たちは今、釈迦仏の「行け」のみ教え、弥陀仏の「来い」のみ教えを信じ、おまかせして、広く開かれた浄土の門に到らせていただきます。

六神通《ろくじんづう》

一　神足通《じんそくつう》　思いどおりにどこへでも飛行していける力
二　天眼通《てんげんつう》　未來・死後の世界を見通す力
三　天耳通《てんにつう》　一切の言語・音声を自在に聞く力
四　他心通《たしんつう》　他人の心のありさまを知る力
五　宿命通《しゅくみょうつう》　人の過去世のありさまを知る力
六　漏尽通《ろじんつう》　煩悩のけがれのなくなったことを知る力

【7】願以此功徳《がんにしくどく》　平等施一切《びょうどうせいっさい》　同発菩提心《どうほつぼだいしん》　往生安楽国《おうじょうあんらっこく》

願わくは、南無阿弥陀仏の功徳が、この法縁によって平等に一切の人々に施与され、皆が同じように仏のさとりを得ようという心を発《おこ》し、安楽浄土に生まれられますように—。

三　味わい

《味わいの趣旨》

偈の本文と訓読と意訳で、意味は一応通りましょうが、その中でも要点となる重要な文言について、その内容を噛み砕いて味わいたいと思います。メモ的な、常体での記述ですが、ご明察ください。

1

【1】「**各発無上心**《かくほつむじょうしん》」について

「各おの無上心を発《おこ》せ」と原文にあるが、この無上心は大無量寿経に二回出る「発無上正覚之心」に由来するものであろう。

・「我発無上正覚之心《がほつむじょうしょうがくししん》」（世自在王佛のみ前で法蔵菩薩が「我、無上正覚の心を発せり」と誓われる。）

・「皆発無上正覚之心《かいほつむじょうしょうがくししん》」（無量寿経を聞き歓喜した無量の衆生が「皆、無上正覚の心を発せり」と嘆じられる。）

「この上ない仏のさとりを得たいと願う心」…実に重大な仏道志願・仏法聴聞の起点である。真宗的にいえば「救われたい」「浄土に生まれて仏になりたい」と願う心と言い換えてもよかろう。その願いの元には、「生死勤苦《しょうじごんく》」（迷いの苦しみ）が身に染みているという事実がある。今時、便利で快適な生活をしていても、生・老・病・死の四苦や、愛《いと》しい者と別離する苦、恨《うら》み憎む者と会いおうていく苦、求めても得られない（欲望過多の）苦、身体や心の煩悩が盛んな苦などの他の四苦、合わせて四苦八苦は免れられない、このわが身自身の現実に目ざめたとき、これらの苦に堪え、乗り超えていくには仏の智慧・光を願わざるを得ない。

「先ず迷いの苦に目覚めよ。目覚めたらさとりの安らぎを求めよ」と「各発無上心」の偈文はよびかけているようだ。

＊　＊　＊

『念仏詩抄』の著者木村無相翁は、二十歳でわが身の煩悩を断って、さとりを得たいと発心し、それから三十有余年、ひたすらに求道され、「やっと出ました一本道　西の空あかるい」の境地に落着《らくちゃく》された。

2

【1】「生死《しょうじ》甚難厭《じんなんねん》　仏法《ぶっぽう》復難欣《ぶなんごん》」について

それほど大事な「発無上心」であるが、親鸞聖人は『教行信証』信巻で「各《オノオ》ノ無上ノ心ヲ発《オコ》セドモ」と訓まれている。それは次の「生死甚だ厭ひがたく、仏法また欣《ねが》ひがたし」につなげてのお意《こころ》であろう。「無上心を発せ」はたしかに正論である。あるべき相《すがた》である。いうならば賢聖の道であろう。しかし、現実の人間凡夫のありのままの相《すがた》はどうであろうか。正像末和讃にこうある。

自力聖道の菩提心　こころもことばもおよばれず

常没流転《じょうもつるてん》の凡愚は　いかでか発起《ほっき》せしむべき
三恒河沙《ごうがしゃ》の諸仏の　出世のみもとにありしとき
大菩提心おこせども　自力かなはで流転せり

親鸞聖人の立脚点は「凡夫」である。自力で聖なる道を歩み、菩提心（無上心）をもって修行すべきだといわれても、煩悩の暴流《ぼる》（七頁参照）に押し流されているのが現実。生死の世《まよい》だといわれても、やはりこの世がよいとの執着は強い。当今の「生の文化」がその暴流だ。それを「厭おう」とする人は稀である（生死甚難厭）。したがって仏法を欣《ねが》う・喜んで聞こうとする人は少ない（仏法復難欣）と言われる。

聖人はいみじくも、仏法聴聞の難かしさを「八難」という言葉で示しておられる。（「金剛《こんごう》の真心《しんしん》を獲得《ぎゃくとく》すれば、横《おう》に《五趣八難《ごしゅはちなん》》の道《どう》を超《こ》え、かならず現生《げんしょう》に十種《じっしゅ》の益《やく》を獲《う》」（信巻））

《八難》・地獄・餓鬼・畜生 … 苦しみのため
☆長寿天・☆北倶盧洲《ほっくるしゅう》 … 楽のため
・聾盲瘖瘂《りょうもうおんあ》…見聞できないため
☆世智弁聡《せちべんそう》…世間の知識にとらわれて
・仏前仏後…仏陀の在世でないため
――仏法を見聞し難い

その中で特に現代に符合しているのが三つある。

☆長寿天　日本は世界での長寿国だ。しかし長寿になって、仏法聴聞者が増えているだろうか。「平均寿命まではまだまだある」「長寿の最後はよい施設へ入ればよい」などと嘯《うそぶ》き、油断していて聞法しようとしない人が多いのではなかろうか。

☆北倶盧洲（ウッタラ・クル）これは猛暑の国のインド人が考えた北の方（須弥山の北側）の涼しい楽天地。住むのに快適なところ。エアコンで快適な家でソファにもたれてテレビを見ていると、法話を聞きにお寺に詣ろうという気はおきにくい。

☆世智弁聡　世間的な知恵が豊富で、弁が立ち、聡明な人は、出世街道まっしぐら。自分の才能を頼み独立心が強い。実際、時間的にも忙しい。○○社長、○○教授、○○議員さんが頭を下げてお寺で聞法されることは珍しい。

ともかくも、一般の世相は、自らが「愚者になりて」（自己を知って）仏法に心の開明を求めようとする方向にはなっていない。そういう仏縁の稀薄な世の中で聞法される人はよほど宿善開発《しゅくぜんかいほっ》のあった人だ。つまり、ご先祖が聞法・お念仏されてきた、善知識からのお勧めが至りとどいた「宿善」が今芽を出しているのである。そして、今、わが身が聞信していることがまた子孫、友人への宿善となっていくであろう。

＊　＊　＊

耳に残っている言葉がある。
☆「多忙で仏法を聞く暇がないって？
どんな大事に多忙なのかね？」（高光大船師）
☆「人間に生まれたのは、仏法を聞くためだ」と里の母から教えられた若い母親は、妊娠中毒で中絶をすすめられたが、「この児を仏法の光に遇わせてやりたい」と出産し、自身は絶命した。この出生の秘密を知ったその少年は聞法に励み、さらに母のような病を治す産婦人科の医師となり、多くの若いお母さんたちに、仏法をすすめる「念仏先生」となって活躍された。
（河村とし子師の法談　拙著『いのちの感動　正信偈』36頁）

3

【1】「横超断四流《おうちょうだんしる》」について

（七頁）に「四暴流」のことを書いたが、凡夫個人の「欲暴流」

もさることながら、国家・民族の「欲暴流」は恐ろしい。結局は、戦争・虐殺になる。また、案外気づかずにいるのが「見暴流」である。思想は見えない暴流—大衆を押し流してしまう。人間社会にはいろんな思想がある。今の日本は民主主義、自由主義であるが、戦前は軍国主義、神国主義であった。その主義に国全体が流されてしまう。間違った思想であれば、その暴流の「被害」は大きい。

心配なのは、現代社会は「科学合理主義」という一種の暴流に流されているのではないかということだ。たしかに、科学合理主義によって便利で快適な「物」の生活は充足している、いや過剰・肥満状態にさえある。だが、それで人間性はどうなってきているのか。人間そのものの資質はどうなっているのか。傾聴すべき言葉がある。

「人間が合理主義を尊ぶことと人間が合理主義的であることとは無関係である」「…とくに近代における科学進歩に伴って、

人間が合理的な思考を尊重するようになるにつれ、一方ではわれわれの外にある世界を合理的に理解することに成功したと同時に、他方では、われわれ自身もつねに合理的に思考し、合理的に行動するものである、少なくともそういう理想に、人間は近づきつつあるものであると考える傾向が強くなってきた。そういう一般的な傾向の中にあって、フロイトの精神分析が、われわれが気がつかなかったか、あるいは長い間忘れていた潜在意識の世界をわれわれの前に開いてくれたことは、非常に重要な意味をもっていたように思われる。…人間がいろいろな感情や欲求から独立して思考能力をはたらかす場合は少ない。…いろいろな感情や欲求が思考のプロセスに始終影響を与える…」（『湯川秀樹著作集』５　平和への希求）

親鸞聖人は「無明煩悩」を問題にされた。無明とは、湯川博士が注目された「無意識」と関連が深い。人間には合理的世界だけではなく、合理的知性だけではどうにもならない深い情念の世界がある。宗教の世界に通じるものだと思う。見えるものだけ、立証できるものだけを認めていこうという合理主義―それが科学だ、科学万能だ…などと思われがちな現世の「見暴流」に押し流されてはならない。
現代知識人も謙虚になって、浄土の光・弥陀の智慧と慈悲に耳を傾けるべきである。そして人間そのものを徹視《てつし》すべきだと「暴流」を味わう次第である。

4

【4】「三乗等賢聖《さんじょうとうげんじょう》　学仏大悲心《がくぶつだいひしん》　長時無退者《ぢょうじむたいしゃ》」について

声聞・縁覚・菩薩（三乗）も「仏の大悲心を学んで」不退に至る（再び迷いの境界に退歩しない）ということ、仏の大悲心は仏教の究極であることを示す。我がさとり（自利）だけを目指すという二乗（声聞・縁覚）も、自らもさとりつつ、他をもさとらしめようとする（自利・利他の）菩薩も、ともに仏の大悲心、十方の衆生を浄土に迎え、仏にならしめんという阿弥陀仏の大悲の御心をいただいて初めて、転迷開悟できるという。観無量寿経には

「仏心とは大慈悲これなり。無縁の慈をもって諸の衆生を摂《せっ》す」

とある。普通の仏・菩薩は、衆生の方から結縁して救いが成立するというが、阿弥陀仏は、たとえ「縁なき衆生」と見捨てられるような者にでも、仏の方から「南無阿弥陀仏」と喚びかけ、光を与えて救うてくださる。無限（アミタ）の慈悲である。この一切衆生救済の達成こそ仏教・大乗教の究極（至極）である。善導大師が「我らみな帰命いたします」と言われているのも当然であろう。

しかも、今一つ、「学仏大悲心」の「学」の意味が大切。普通、「学問」というと、多くの先達・先生から、それまでに蓄積された

大量の知識を学び（真似《まね》し）、写し取り、整理し、記憶する事をいう。しかし、「仏の大悲心」を「学ぶ」とは、そういう知識の次元ではない。むしろ知識は邪魔になる。如来の大悲とは何か、何のために発《おこ》されたのか、誰に向けられているのかを、我が胸に問い聞くということである。知識でかためた壁をつき破る仏の智慧と慈悲の光に遇うことである。

親鸞聖人が「弥陀の五劫思惟の願をよくよく案ずれば、ひとへに親鸞一人がためなりけり」（歎異抄）と仰せである。この「よくよく案ず」ることが「学」の意味である。聖人はまた「聞思《もんし》して遅慮《ちりょ》することなかれ」（教行信証　総序）とも言われる。その「思」が大事。聞いて、わが身に引き当てて聞きなおすことが「思」である。

「この身」を抜きにして仏法聴聞はない、仏法の学びはない。

＊　　＊　　＊

☆「これはいい話。これをうちの良人《おっと》に聞かせたい」（某妻）
…人に聞かせたいのもよいが、さてわが身自身はどうか？

5

【5】「我《が》等《とう》愚《ぐ》痴《ち》身《しん》　曠《こう》劫《ごう》来《らい》流《る》転《てん》
今《こん》逢《ぶ》釈《しゃ》迦《か》仏《ぶつ》　末《まっ》法《ぽう》之《し》遺《ゆい》跡《しゃく》　弥《み》陀《だ》本《ほん》誓《ぜい》願《がん》　極《ごく》楽《らく》之《し》要《よう》門《もん》」について

「我等愚痴身」とは「愚痴のわが身」である。しかし、最初から愚痴の身とは思ってもいない。二十一世紀の文化人、教養者、常識ある市民だ。「今の私は幸福一杯で、宗教や念仏など、まったく関心がありません」…などという類《たぐ》いの人間だった。だが、娑婆の濁り・暴流はいつまでも安全地帯においてはくれない。哀しいかな、泣かねばならぬ時がくる。四苦八苦の時がある。

ご縁があって（宿善が開いて）仏法を聞く。浄土の光・仏の大悲心に触れてみると、あぁ、愚かなわが身だったなぁ。迷いの深い私であったなぁ。いつからこうして迷うてきたのか。それが今は阿弥陀仏のご本願に遇い、浄土への道を歩ましめられるとは、何と言う幸せであろう。南無阿弥陀仏、南無阿弥陀仏。

善導大師の右の六句には「感動」がこもっている。あだやおろそかには読めない。「我ら愚痴の身」とは「私もあなた方も愚痴の身なのに、ようこそ本願念仏に遇わせていただきましたね」と善導大師ご自身の感動が伝わってくるではないか。

＊　＊　＊

☆ある時、私の祖父が書いたハガキが出てきた——三十九歳で三人の幼い子を寺に残して肺結核で療養していた祖母に送ったものだ。

「おまえの病は諦めた。この上は御和讃、御文章様をよくいただき、念仏相続することが肝要」

何と薄情・冷酷な言葉か。見た当初、私は嫌悪した。しかし、よくよく考えてみると、当時、「肺病」は不治の病。一時しのぎの甘言で紛らわせても娑婆の事実には不可抗力。「諦め」より他なかった…しかし、それは単なる「諦め」ではなく、仏法の真髄・救いを諦《あき》らかに知る智慧（諦観《たいかん》）であった。「この上は」と「愚痴」から「弥陀本誓願 極楽之要門」に通じる道へと転じていく「聖道・浄土のかはりめ」があった。祖父母ともに愚痴の涙から救いの喜びに転じていける念仏に「心、開明を得る」ことができたことであろう。

6

【6】「今乗《こんじょう》二《に》尊教《そんぎょう》 広開浄土《こうかいじょうど》門《もん》」について

「ようこそ遇えましたね」という喜び、これは「釈迦・弥陀二尊の教え」をいただいたからである。その教えによってこそ浄土門が広く開かれたのだ。こう言われる善導大師のお心から、「二《に》河白《がびゃく》道《どう》」のおたとえが聞こえてくる。

ある人が西に向かって独り進んで行くと、無人の原野で忽然《こつねん》として水・火の二河に出会う。水（欲）の河は北に、火（瞋《いかり》）の河は南に、河の幅はそれぞれ百歩ほどであるが、深くて底なく、また南北に辺《ほとり》がない。ただ中間に一筋の白道（念仏道）があるばかりだが、幅四、五寸（十五《セン》チほど）で水・火が常に押し寄せている。そこへ後方・南北より群賊・悪獣が殺そうと迫ってくる。

このように往くも還るも止まるも死を免れえない（※三定死《さんじょうし》）。しかし思い切って白道を進んで行こうと思った時、東の岸より「この道をたずねて行け」と勧める声（釈迦の発遣《はっけん》）が、また西の岸より「汝一心にして直ちに来《きた》れ、我よく汝を護らん」と呼ぶ声（弥陀の招喚《しょうかん》）が聞こえる。その声に励まされて白道に乗り出すと、東岸の群賊たちは危険だから戻れと誘うが顧みず、一心に疑いなく進んで西岸に到達し、諸難を離れ善友《ぜんぬ》と相見《まみ》えることができたという。（『観経疏』散善義）

この「行け」「来たれ」の二尊の声・教えがあればこそ、念仏の道を歩ませていただき、やがて浄土に至らせてもらえる。親鸞聖人は

「凡夫といふは、無明煩悩われらが身にみちみちて、欲もおほく、いかりはらだち、そねみ、ねたむこころおほくひまなくして、臨終の一念にいたるまでとどまらず、きえず、たえず」（『一念多念証文』）

と言われている。

その煩悩の生涯の中にこそ念仏の白道がある。（白道は欲・瞋の水・火の二河の上にかかる架け橋ではなのだ。）欲が出、腹が立つその煩悩の中でこそ、我ら愚痴の身が知らされ、その愚痴の身をこそ救わんという如来の大悲心ましますことを喜び、南無阿弥陀仏と

念仏の歩みができる。世間には、そんな念仏などやめておけという群賊・悪獣がおるであろう。しかし、西（さとり）の岸を目指す者、ひと度わがいのちの行方に問いが立った者は、振り向きもしないで、一心一向に「本願を信じ念仏を申す」ばかり。念仏の道は広くはないかもしれない、たった六字の御名をとなえるばかりであるが、これほど確かな「仏に成る」道、浄土の門に到る道はないのである。

＊　＊　＊

☆「※三定死」というと、四十三歳で乳ガンになり、肺に転移し、やがて四十七歳で亡くなられた鈴木章子《すずきあやこ》さんの見事な本願信受の詩が思いだされる。

帰命

「まかせよ」

「ハイ」

ただ
これだけ……（鈴木章子『癌告知のあとで』探究社 128頁）

絶体絶命と切羽詰まったとき、本願の喚び声には随順あるのみである。

7

【7】「願以此功徳《がんにしくどく》　平等施一切《びょうどうせいっさい》　同発菩提心《どうほつぼだいしん》　往生安楽国《おうじょうあんらっこく》」について

この一行は真宗でも「回向《えこう》（文《もん》）」と言われ、普通、読経の最後に誦《あ》げられるが、その回向とはどういう意味であろうか。他宗では多く「この功徳を以て」というのは、読経した功徳を亡き人に回向（差し向け）することだと思われているようである。

しかし先の意訳では、

「願わくは、南無阿弥陀仏の功徳が、この法縁によって平等に一切の人々に施与され、皆が同じように仏のさとりを得ようという心を発《おこ》し、安楽浄土に生まれられますように――」

とした。功徳は南無阿弥陀仏の功徳である。読経はあくまでも南無阿弥陀仏の功徳の讃嘆である。正像末和讃にも

南無阿弥陀仏《なむ(も)あみだぶつ》の回向《えこう》の　恩徳広大不思議《おんどくこうだいふしぎ》にて
往相回向《おうそうえこう》の利益《りやく》には　還相回向《げんそうえこう》に回入《えにゅう》せり

とある。浄土に往生する往相も、浄土からこの土に還ってきて人々を救う還相もすべて南無阿弥陀仏の回向（はたらき）である。愚痴の身の凡夫に、何をし、どんな功徳を他者に回向して救う力があるであろうか。特に往生の問題に関しては、人間凡夫まったく「※われに手（手段の意）のなし　南無阿弥陀仏」である。

聖人のお手紙に

「往生はともかくも凡夫のはからひにてすべきことにても候はず」

と明言されている。如来の本願名号によってこそ「安楽国に往生」せしめられるのである。自分で往くのではない。

出棺勤行のみならず、葬儀一切の読経はみな、凡愚を安楽国に往生せしめたまう南無阿弥陀仏の功徳、仏徳讃嘆の他ないこと。だから真宗の法要儀式はすべて阿弥陀仏のご本尊かお名号前でしか読経しないことを再認識したい。

＊　＊　＊

☆「生きるものは生かしめ給う
死ぬものは死なしめ給う
※われに手のなし
南無阿弥陀仏」（『藤原正遠講話集』第五巻　歌集　97頁）

☆他宗の回向文
「願以此功徳　普及於一切　我等與衆生　皆共成佛道」

(願はくは、この功徳を以って　普《あまね》く一切に及ぼし　我等と衆
生と皆共に　仏道を成《じょう》ぜんことを)
…『妙法蓮華経』巻第三「化城喩品第七」

この法華経の文は、浄土真宗の「願以此功徳」の回向文とよく似ているが、全体の精神は自力修行の功徳とその成就であり、浄土往生はない。うっかりこの回向文に紛れこまないように！

☆真宗で使う「願以此功徳」以外の回向文
○我《が》説《せつ》彼《び》尊《そん》功《く》徳《どく》事《じ》　衆《しゅ》善《ぜん》無《む》邊《へん》如《にょ》海《かい》水《しい》
所《しょ》獲《ぎゃく》善《ぜん》根《ごん》清《しょう》淨《じょう》者《しゃ》　迴《え》施《せ》衆《しゅ》生《じょう》生《しょう》彼《ひ》國《こく》
(我、かの尊の功徳の事を説くに　衆善無辺にして海水の
如し　獲るところの善根清浄なれば　衆生に回施してか
の国に生ぜしめん)
…『十二礼』龍樹撰述

○世尊我一心《せそんがいっしん》　歸命盡十方《きみようじんじつぽう》　無碍光如來《むげこうにょらい》　願生安樂國《がんしょうあんらっこく》
（世尊、我一心に　尽十方無碍光如来に帰命して　安楽国に生まれんと願ず）
…『無量寿経優婆提舎願生偈』　天親撰述（『浄土論』『往生論』）

※いずれも最後は「安楽浄土に生まれん」と結んである点が重要。

四　補遺

《補遺の趣旨》

上記の文で言及したことの参考資料と、言い残したことを記します。

1　善導大師の生涯

善導大師は大業《たいぎょう》九年（六一三年）〈参考　聖徳太子は574～622〉臨《りん》淄《し》（現山東省）に生まれ、幼くして密州の明勝法師について出家し、『法華経』や『維摩経』を学ばれます。若くして「西方変相図」をみて強い感銘をうけ、また「経蔵に入って念じつつ手をふれたのが『観無量寿経』であった」との伝えがあるように、当時仏教界全体が注目していた観経に傾倒し、念仏の一道を修行されました。その後、諸国の名師を訪ねて学道を修め、後、終南山*悟真寺に入って観想をこらし、いよいよ仏道に精進されました。（*中国・西安の南東にある山）

唐の貞観のころ、善導大師は山西で浄土（観無量寿経）の法門を説かれている道綽禅師の名声を聞き、二十歳前後、千里の道をいとわず、厳冬の寒風をおかして、その講筵《こうえん》に列せられます。その熱烈な求道の念が通じ、親しく禅師から観経の法義を伝授され、遂に弥陀の本願に深く帰依されたのであります。

禅師寂後は終南山に戻り、きびしい浄土の行業を修められます。寒冷でも汗の出るほど称名念仏に励み、三十年寝床を設けず、洗濯以外に衣を脱がず、目をあげて女人を見ず、供養は徒衆に与えられました。その後長安に出て、『阿弥陀経』（十万巻）を書写して有縁の人々に与えたり、浄土の荘厳を絵図にして教化するなど、数多の庶民教化に専念されます。その有様は「士女（男女）奉《おおせをうけ》る者その数無量」と記録されています。

一方で、龍門奉先寺の石窟造営の検校《けんぎょう》を勤めるなど（次頁写真参照）、幅広い活動をする。長安では、*光明寺・△慈恩寺・実際寺などに住されました。

（*大師が念仏をとなえると、その口から一道の光明がでる。そのことを知った皇帝の高宗は大師止住の寺に「光明寺」の寺額を賜うたといいます。）

（△慈恩寺は玄奘三蔵も止住した寺。）

十四行偈石刻が発見された龍門石窟第1074窟（矢印）

△龍門石窟に現存最古の銘文・善導『観経疏』十四行偈の石刻が、倉本尚徳博士により新たに発見された。（中外日報　28・8・1号）

著わされた書物は五部九巻です―『観無量寿経疏』玄義分、序分義、定善義、散善義―四巻、『法事讃』二巻、『観念法門』一巻、『往生礼讃』一巻、『般舟讃《はんじゅさん》』一巻。特に、『観経疏』は、それまで（古今《ここん》）の諸師の観経に対する誤った解釈を、「凡夫等しく念仏で真実の報土に救われていく経」であるとの視点に立って、一新（楷定《かいじょう》）しようとの念願のもと、仏菩薩に念じられながら撰述された大書で「本疏《ほんじょ》」といわれています。（後の五巻は「具疏《ぐしょ》」）

永隆二年（六八一年）、六十九歳にて入寂。終南山の山麓に、弟子の懐惲らにより、崇霊塔（善導塔）と香積寺が建立されました。

（拙著『いのちの感動　正信偈』より）

2

「古今楷定」の要文（『観経疏《かんぎょうしょ》』散善義《さんぜんぎ》　後跋《ごばつ》）

> 敬ひて一切有縁の知識等にまうす。余はすでにこれ生死の凡夫なり。智慧浅短なり。しかるに仏教幽微《ゆみ》なれば、あへてた

やすく異解《いげ》を生ぜず。つひにすなはち心を標《ひょう》し願を結《けっ》して霊《れい》験《げん》を請求《しょうぐ》す。まさに心を造《いた》すべし。

尽《じん》虚《こ》空《くう》遍《へん》法《ほう》界《かい》の一切の三宝、釈迦牟尼仏・阿弥陀仏・観音・勢至、かの土のもろもろの菩薩大海衆および一切の荘《しょう》厳《ごん》相《そう》等に南無し帰命したてまつる。某《それがし》、いまこの『観経』の要義を出《いだ》して、古今《ここん》を楷定《かいじょう》せむと欲す。もし三世の諸仏・釈迦仏・阿弥陀仏等の大悲の願意に称《かな》はば、願はくは夢のうちにおいて、上《かみ》の所願《しょがん》のごとき一切の境界《きょうがい》の諸相を見ることを得しめたまへ。

①右の要文は、善導大師（六一三～六八二）の一大業績である『観経疏』四巻の最後の巻、散善義の「後跋」（後序）の冒頭にある。すなわち、『観経疏』著述の本意を述べられたものといえる。

②その本意とは、『観経疏』四巻でいろいろ観経の要点を論じてきたが、それらはみな、「古今の諸師」〈浄影寺《じょうようじ》慧遠《えおん》（五二三〜五九二）、天台智顗《てんだいちぎ》（五三八〜五九七）、嘉祥寺吉蔵《かじょうじきちぞう》（五四九〜六二三）等〉の誤った観経解釈を「楷定」（一新）するためだということ。

③その「楷定」の要点

諸師＝観経は聖者の為の経　観念の念仏　応身応土　※別時意説《べつじいせつ》
善導＝観経は凡夫の為の経　称名の念仏　報身報土　願行具足

「一切の善悪の凡夫は皆、阿弥陀仏の大願業力により、称名念仏して直ちに弥陀の報土に往生できる」

＊　＊　＊

※別時意説

別時意説とは、無着菩薩《むちゃくぼさつ》の『摂大乗論《しょうだいじょうろん》』にもとづく摂論《しょうろん》学派の説で、『観経』下下品の十念念仏往生は、唯願無行《ゆいがんむぎょう》（生まれたいという願いだけあるが、それに伴う行がない）であるから、往生別時意説（往生は別の時、つまり遠い将来のことであるという意味）であるとして批判されたことである。

平たくいうと、怠惰で精勤ではない劣機（低劣なもの）を激励するための方便として、遠く未来でしか獲得できない証果《さとり》を、即時に、または近い時に獲得できるかのように示されたということである。

この別時意については、一万円で達成できる願い事でも、毎日一円ずつでも貯めていけば、いつかは果たせる。先は遠い（別の時だ）が頑張ってやれという励ましのようなものだ。下下品の十念の念仏もそれに似たものだという説である。

それに対して、道綽禅師は、『安楽集』巻上で、十念成就は仏の大悲心の成就が曠劫《こうごう》多生《たしょう》の宿因となったものであるから、臨終の十念成就は即生《そくしょう》の因となるのであるとされた。その道綽説を受けた善導大師は、下々品の凡夫の十声の称名、即ち南無阿弥陀仏の名号の中には、願と行とが具足している。願行を具足しているから、即時に往生ができるのだと明らかにされ、浄土教批判を論破されたのである。

3

蓮如上人の葬儀式　摘要。（☆重要な記述がある）

> 蓮如葬儀の次第
> 明応八年（一四九九）三月二五日、蓮如上人ご往生。
> 　　　　二六日葬儀。
> 御影堂にて（棺は御影堂に）
> 「早正信偈、早念仏、回向」

阿弥陀堂の前で
「帰三宝偈、早念仏、回向」…☆ここに「帰三宝偈」とある
路念仏
葬場で
「正信偈、念仏和讃三首」
初重　無始流転の苦をすてて
無上涅槃を期すること
如来二種の回向の
恩徳まことに謝しがたし
二重　南無阿弥陀仏の回向の
恩徳広大不思議にて
往相回向の利益には
還相回向に回入せり

三重　如来大悲の恩徳は
　身を粉にしても報ずべし
　師主知識の恩徳も
　ほねをくだきても謝すべし
　　…恩徳讃＝真宗の送葬儀礼は仏恩報謝行の意味

帰後、御影堂で
　「正信偈、讃念仏、回向」
翌三月二七日、収骨
収骨の時の和讃
　初重　本願力にあひぬれば
　　むなしくすぐるひとぞなき
　　功徳の宝海みちみちて
　　煩悩の濁水へだてなし

二重　五濁悪世のわれらこそ
　　　金剛の信心ばかりにて
　　　ながく生死をすてはてて
　　　自然の浄土にいたるなれ

三重　安楽浄土にいたるひと
　　　五濁悪世にかへりては
　　　釈迦牟尼仏のごとくにて
　　　利益衆生はきはもなし

(出典)『真宗儀礼の今昔』浄土真宗教学研究所編、永田文昌堂
　発行　2001年
『真宗史料集成』8巻
「大谷本願寺通紀、2」にも同種の記録あり。

4

出棺勤行の前に帰敬式（おかみそり）を執り行うことがある。
その偈文と由来を記す。

流転三界偈

『考信録』（安永三年1774慶証寺玄智撰）に
「今各末寺檀家の（剃髪）式を言はば、受者を本尊正面に座せしめ、師僧出でて本尊を礼しおわって受者の後にたち、寺僧の擎《ささ》ぐる剃刀を把《と》って、流転三界中の文を唱えて、頂きの正中と左右と三度剃刀をあてるなり…死者にお剃刀を授ける方またこれによるなり」とある。

流転三界中《るてんさんがいちゅう》
恩愛不能断《おんないふのうだん》
棄恩入無為《きおんにゅうむい》
真実報恩者《しんじつほうおんしゃ》

三界《さんがい》の中《なか》に流転《るてん》して、
恩愛《おんない》断《た》つことあたはずとも、
恩《おん》を棄《す》て無為《むい》に入《い》らば、
真実《しんじつ》に恩《おん》に報《むく》いる者《もの》なり。

（「清信士度人経《しょうしんじどにんきょう》」四分律行事鈔・巻下四）

（意訳　欲界・色界・無色界というまよいの境界を流転してきて、父母妻子等への愛着を断ちきることはできがたいが、一度《ひとたび》その恩愛を棄てて無為のさとりを求める仏道に入れば、それが父母妻子等への恩愛に真実に報《むく》いることになる。）

あとがき

浄土往生を期《ご》する真宗において、葬儀に関わることは当然であろう。しかし葬儀執行が真宗本来の使命ではない。本命は「弥陀の本願を信じ念仏を申さば仏になる」教法を自信教人信する（自ら信じ人に教えて信ぜしむ）ことに尽きよう。その意味において、葬儀の勤式も、形骸化は許されない。読誦する経文の意味を自他ともにいただくことが肝要だ。

本冊子はまことに微細な試みではあるが、先ずは私自身が学ぶために書かせていただいた。そのために豊原大成師のご高閲を得られたことは大きな喜びである。それでも原文に未熟な点が多々あろうと危惧されるが、その点、ご高覧の諸賢におかれても御叱正を加えていただいて、善導大師のお心が少しでも世に弘まることになれば、望外の喜びである。上梓に当たって、今回も精緻な校正のご大労に与った梶原佑倖師と、当書の出版を快く引き受けていただいた永田唯人氏に深謝申しあげ、結びとしたい。

平成二十八年霜月　普勧蔵にて　藤枝宏壽

大悲心学びは尽きず菊ひとつ　愚石

普勧蔵

著者紹介

藤枝宏壽（ふじえだこうじゅ）
昭和8年　福井県越前市生まれ
真宗出雲路派了慶寺住職
〈略歴〉京都大学（英文）卒業
藤島高校、福井工業高専、
福井医科大で英語教授、
仏教大学佛教学科修士課程修了

〈著書〉『子どもに聞かせたい法話』（法蔵館）、『阿弥陀経を味わう三十六篇』『いのちの感動　正信偈』『Dewdrops of Dharma』『いただきます』（以上、永田文昌堂）、『聞の座へ』（探求社）、『老いて聞く安らぎへの法話』とCD（自照社出版）、他

帰三宝偈
勧衆偈　の味わい

2017年1月25日　印刷
2017年2月1日　発行

著　者	藤枝宏壽	
発行者	永田　悟	京都市下京区花屋町通西洞院西入
印刷所	図書印刷 同朋舎	京都市下京区壬生川通五条下ル
発行所	創業慶長年間 永田文昌堂	京都市下京区花屋町通西洞院西入 電話（075）371-6651 FAX（075）351-9031

ISBN978-4-8162-5055-2 C1015